NOS MALHEURS
ET
NOS ESPÉRANCES

D'APRÈS

LES PROPHÉTIES ET LES RÉVÉLATIONS

LES PLUS REMARQUABLES ET LES PLUS AUTHENTIQUES.

Prophéties d'Orval,
— d'Holzhauser, — de Blois, — de Marie Lataste,
— d'Anna-Maria Taïgi, etc. etc.
Lettres et secret de Mélanie de la Salette, —
Prophétie du curé d'Ars, —
Révélations prophétiques de Palma, la stigmatisée d'Oria, —
Les croix mystérieuses en Allemagne.

LYON-VAISE
GAY, LIBRAIRE-ÉDITEUR,
Rue Saint-Pierre-de-Vaise, 7,
1872
Tous droits réservés.

NOS MALHEURS
ET
NOS ESPÉRANCES

D'APRÈS

LES PROPHÉTIES ET LES RÉVÉLATIONS

LES PLUS REMARQUABLES ET LES PLUS AUTHENTIQUES.

Prophéties d'Orval,
— d'Holzhauser, — de Blois, — de Marie Lataste,
— d'Anna-Maria Taïgi, etc. etc.
Lettres et secret de Mélanie de la Salette, —
Prophétie du curé d'Ars, —
Révélations prophétiques de Palma, la stigmatisée d'Oria, —
Les croix mystérieuses en Allemagne.

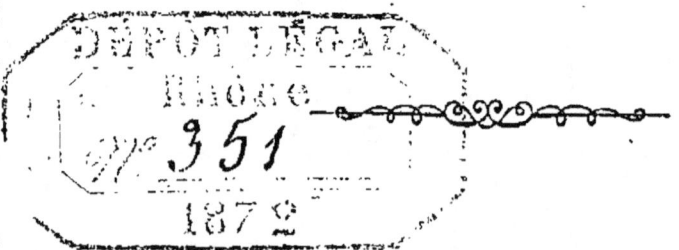

LYON-VAISE

GAY, LIBRAIRE-ÉDITEUR

Rue Saint-Pierre-de-Vaise, 7.

1872

Tous droits réservés

Les païens eux-mêmes ont compris cette vérité: « Il est certain, dit Cicéron, que les choses à venir ont toujours été annoncées, et qu'il y a eu des hommes inspirés pour les prévoir et les annoncer à la terre. » Dans un temps malheureux, où le rationalisme et le matérialisme nous enserrent de toutes parts, le catholique même semble avoir peur de l'intervention trop fréquente de Dieu dans le monde, et traite volontiers de ridicule et de superstitieux celui qui, ferme et debout sur le terrain de la saine doctrine, lève haut la bannière du surnaturel.

Nous sommes obligés de croire d'une *foi divine* aux prophéties sacrées ou scripturales, mais aux prophéties modernes ou privées, nous ne devons qu'une *foi humaine;* et s'il ne faut pas indistinctement et aveuglément les accepter toutes, nous ne devons pas non plus les rejeter toutes de parti pris et sans examen.

L'épreuve de toute vraie prophétie, c'est la réalisation des événements qu'elle annonce; et, pour donner des garanties sérieuses, la prophétie doit émaner d'une personne éminente en sainteté, Dieu ne se servant pas des méchants, mais de ses amis, pour faire connaître l'avenir, dont il est seul le maître. Sous ce rapport, nous avons fait un choix sévère. Aussi croyons-nous que toutes les prophéties et révélations de ce recueil sont non-seulement les plus remarquables, mais elles revêtent le caractère le plus incontestable d'*authenticité*.

Qui n'a, du reste, aujourd'hui le pressentiment des grandes choses qui se préparent? On sent que l'heure des châtiments approche (1). La France est malade... Il faut le fer et le feu pour enlever toutes ces souillures et cette gangrène; *mais la France ne périra pas, Dieu a de grands desseins sur elle.*

Attendons dans le calme, la résignation et la prière ces événements suprêmes, et n'oublions pas qu'au delà de nos malheurs il y a les plus douces espérances.

---

(1) Lorsque l'adversité ne rend pas les hommes meilleurs, elle les rend pires. Ne dirait-on pas que les désastres de 1870 ont produit ce dernier effet sur nous ? « Aussi, dit Mélanie de la Salette, après plusieurs avertissements, afin de donner lieu au repentir, Dieu enverra des *maux terribles, ses plus grands châtiments.* »

PROPHÉTIES

PRÉDICTIONS CERTAINES

RÉVÉLÉES PAR DIEU A UN SOLITAIRE

pour la consolation des enfants de Dieu.

PROPHÉTIE D'ORVAL

L'abbaye d'Orval (1), de l'ordre de Cîteaux, est située dans le diocèse de Trèves, frontière du Luxembourg. Lorsque les Français révolutionnaires firent le blocus de Luxembourg, l'abbé d'Orval et ses moines arrivèrent dans la place avec leurs vases sacrés, leurs ornements les plus précieux et une partie de leurs *archives*. Au bout de quelques jours, l'abbé, en mettant en ordre les papiers qu'il avait sauvés, trouva les *prévisions d'un solitaire*, imprimées

---

(1) Le village d'Orval est à deux lieues et demie de Montmédy, dans le diocèse de Trèves, frontière du Luxembourg.

en 1544, et attribuées à un moine appelé Philippe Olivarius. Il les apporta au maréchal de Bender, qui, dit-on, en rit beaucoup. Mais les Français de distinction qui se trouvaient dans son salon en prirent des copies, qui se répandirent dans toute la ville et au delà.

La mort de Louis XVI, si bien annoncée dans ces *prévisions*, leur donna une vogue extraordinaire.

L'authenticité de la prophétie d'Orval est incontestable. Un grand nombre de personnes l'ont eue entre les mains avant 1791. M. Rossigneux, professeur au collége d'Autun, avait lu cette prophétie dans un petit cahier imprimé en 1800, ès-mains de M. Joret.

Disons donc avec M. A. Nicolas : « Ne doit-on pas, pour être logique, raisonnable (après avoir vu les événements en parfaite harmonie avec la prophétie), penser que les *prévisions d'un solitaire* viennent réellement du Ciel ? » (1)

---

(1) La première partie de cette prophétie a été omise dans les copies qui en ont été faites au commence-

1. En ce temps-là, un jeune homme, venu d'outre-mer dans le pays du Celte-Gaulois, se manifestera par conseil de force.

2. Mais les grands qu'il ombragera l'enverront guerroyer dans la terre de la captivité.

3. La victoire le ramènera au pays premier.

4. Les fils de Brutus moult stupides seront à son approche, car il les dominera et prendra nom : empereur.

5. Moult hauts et puissants rois seront en crainte vraie, et son aigle enlèvera moult sceptres et moult couronnes.

6. Piétons et cavaliers portant aigles et sang autant que moucherons dans les airs, courront avec lui dans toute l'Europe qui sera moult ébahie et moult sanglante ; car il sera tant fort que Dieu sera cru guerroyer d'avec lui.

7. L'Eglise de Dieu, moult désolée, se consolera tant peu, en voyant ouvrir encore les temples à ses brebis tout plein égarées, et Dieu sera béni.

8. Mais c'est fait : les lunes sont passées.

9. Le vieillard de Sion, maltraité, criera à Dieu ; et voilà que le puissant sera aveuglé pour péchés et crimes.

10 Il quittera la grande ville avec une armée si belle que aucune fut jamais si pareille ; mais oncques guerroyer ne tiendra bon devant la face du temps. La tierce part et encore la tierce

---

ment de la Révolution française. On n'en possède aujourd'hui que la seconde partie, commençant à Napoléon.

part de son armée périra par le froid du Seigneur puissant.

11. Alors deux lustres (1) seront passés depuis le siècle de la désolation.

12. Les veuves et les orphelins crieront à Dieu.

13. Et voilà que les hauts, abaissés, reprendront force ; ils s'uniront pour abattre l'homme tant redouté.

14. Voici venir, avec maints guerroyers, le vieux sang des siècles qui reprendra place et lieu en la grande ville. Alors l'homme tant redouté s'en ira, tout abaissé, dans le pays d'outre-mer, d'où il était advenu.

15. Dieu seul est grand ! La lune onzième n'aura pas encore relui (2), et le fouet sanguinolent du Seigneur reviendra en la grande ville, et le vieux sang quittera la grande ville.

16. Dieu seul est grand ! Il aime son peuple et a le sang en haine. La cinquième lune reluira sur maints et maints guerroyers d'Orient. La Gaule est couverte d'hommes et de machines de guerre : c'est fait de l'homme d'outre-mer.

17. Voici encore venir le vieux sang de l'homme de la Cape.

18. Dieu veut la paix, et que son nom soit béni. Or, paix grande sera dans le pays du Celte-Gaulois. La fleur blanche sera en honneur moult grand. Les maisons de Dieu ouïront moult saints cantiques.

---

(1) Un lustre de cinq ans.
(2) Une lune égale un mois, moins un jour.

19. Mais les fils de Brutus, haïssant la fleur blanche, obtiennent règlements puissants dont Dieu est encore moult fâché à cause des siens. Le grand jour est encore moult profané.

20. Cepourtant Dieu veut éprouver le retour par dix-huit fois douze lunes (1).

21. Dieu seul est grand ! Il purge son peuple par maintes tribulations ; mais toujours les mauvais auront fin.

22. En ce temps-là, une grande conspiration contre la fleur blanche cheminera dans l'ombre par mains de compagnies maudites, et le pauvre vieux sang quittera la grande ville, et moult gaudiront les fils de Brutus.

23. Les serviteurs de Dieu crieront tout plein à Dieu; mais Dieu, pour ce jour-là, sera sourd, parce qu'il retrempera ses flèches pour bientôt les mettre au sein des mauvais.

24. Malheur au Celte-Gaulois ! Le coq effacera la fleur blanche, et un grand s'appellera *roi du peuple* (2).

25. Grande commotion se fera sentir chez les gens, parce que la couronne sera placée par mains d'ouvriers qui auront guerroyé dans la grande ville.

26. Dieu seul est grand ! Le règne des méchants sera vu croître ; mais qu'ils se hâtent.

27. Voilà que les pensées du Celte-Gaulois se choquent, et que grande division est dans l'entendement.

---

(1) Dix-sept ans et demi.
(2) Louis-Philippe.

28. Le roi du peuple, assis, sera vu en abord, moult faible, et pourtant contredira bien des méchants ; mais il n'était pas bien assis, et voilà que Dieu le jette bas.

29. Hurlez, fils de Brutus ! appelez, par vos cris, les bêtes qui vont vous manger.

30. Dieu grand !... quel bruit d'armes ! Il n'y a pas encore un nombre plein de lunes, et voici venir maints guerroyers.

31. C'est fait. La montagne de Dieu, désolée, a crié à Dieu ; les fils de Juda ont crié à Dieu de la terre étrangère, et voilà que Dieu n'est plus sourd.

32. Quel feu va avec ses flèches !

33. Dix fois six lunes et pas encore dix fois six lunes ont nourri sa colère.

34. Malheur à toi, grande ville !... Voici dix rois (1) armés par le Seigneur... Mais déjà le feu t'a égalée à la terre.

35. Pourtant les justes ne périront pas : Dieu les a écoutés.

36. La place du crime est purgée par le feu... Le grand ruisseau a conduit ses eaux, toutes rouges de sang.

37. La Gaule, vue comme délabrée, va se rejoindre.

38. Dieu aime la paix. Venez, jeune prince, quittez l'île de la captivité... Joignez le lion à la fleur blanche (2).

---

(1) On peut entendre par *rois* les chefs de peuple, quels que soient leurs titres officiels.

(2) Mme la comtesse de Chambord porte le *lion* dans

39. Ce qui est prévu, Dieu le veut.

40. Le vieux sang des siècles terminera encore longues divisions.

41. Lors un seul pasteur sera vu dans la Celte-Gaule.

42. L'homme, puissant par Dieu, s'asseyera bien. Moult sages règlements appelleront la paix. Dieu sera cru guerroyer d'avec lui, tant prudent et sage sera le rejeton de la Cape.

43. Grâces au Père de la miséricorde ! La sainte Sion rechante dans les temples un seul Dieu grand.

44. Moult brebis égarées s'en viendront boire au vrai ruisseau vif.

45. Trois princes et rois mettront bas le manteau de l'erreur, et verront clair en la foi de Dieu.

46. Un grand peuple de la mer reprendra vraie croyance en deux tierces parts (1).

47. Dieu est encore béni pendant quatorze fois six lunes et six fois treize lunes.

48. Dieu seul est grand !... Les biens sont faits : les saints vont souffrir.

49. L'homme du mal arrive de deux sangs ; il prend croissance.

50. La fleur blanche s'obscurcit pendant dix

---

ses armes. Elle est fille d'un archiduc d'Autriche et duc de Modène. Or, la maison d'Autriche et de Modène a dans ses armes le lion de gueule ou rouge.

(1) Pouvait-on mieux prédire que l'Irlande resterait à la foi catholique ?

fois six lunes et six fois vingt lunes, puis disparaît pour ne plus reparaître.

51. Moult mal, peu de bien seront en ce temps-là. Moult grandes villes périront.

52. Israël viendra à Dieu-Christ tout de bon.

53. Sectes maudites et fidèles seront en deux parties bien marquées.

54. C'est fait : Dieu seul sera cru.

55. Et la tierce part de la Gaule et encore la tierce part et demie n'aura plus de croyance, comme aussi les autres gens.

56. Et voilà déjà six fois trois lunes et quatre fois cinq lunes qui sont séparées, et le siècle de fin a commencé.

57. Après le nombre non fait de ces lunes, Dieu combat par ses deux justes, et l'homme du mal a le dessus.

58. Mais c'est fait. Le haut Dieu met un mur de feu qui obscurcit mon entendement, et je n'y vois plus.

59. Qu'il soit béni à jamais. »

L'APOCALYPSE ET LE VÉNÉRABLE HOLZHAUSER

B. Holzhauser, mort à Bingen, près Mayence, en 1658, tient la première place parmi les commentateurs de l'Apocalypse. La plupart de ses commentaires sont visiblement inspirés. Il unissait la science à la sainteté. Un très-grand nombre des événements annoncés se sont réalisés. Holzhauser a divisé les temps et la durée de l'Eglise, depuis Jésus-Christ jusqu'à la fin du monde, en sept âges.

Pendant le cinquième âge (qui finit maintenant d'après Holzhauser), les catholiques, dit Holzhauser, seront opprimés par les hérétiques et les mauvais chrétiens. Partout il y aura des calamités déplorables et de terribles guerres ; les royaumes seront bouleversés, les trônes renversés et les monarques tués ; les hommes conspireront pour ériger des républiques, et l'Eglise enfin et ses ministres seront dépouillés.

Au sixième âge, tout à coup, il se fera un changement étonnant par la main du Dieu tout-puissant, tel que personne ne peut se l'imaginer. Il y aura un *grand et saint pontife* et *un monarque puissant* qui viendra comme un envoyé de Dieu mettre fin au désordre ; il soumettra tout à son pouvoir et déploiera un grand zèle pour la vraie Eglise du Christ. Toutes les hérésies seront réléguées dans l'enfer d'où elles sont sorties ; l'empire du Turc sera brisé, et toutes les nations viendront et adoreront leur Dieu dans la vraie foi catholique et romaine. Il y aura amour, concorde, paix et bonheur parfait. Le *monarque puissant* pourra considérer le monde entier presque comme son héritage. Avec l'aide du Seigneur, il délivrera la terre des méchants, des ruines et de tout mal. C'est lui qui fera arriver à bonne fin un concile qui sera le plus grand de tous et qui aura à traverser tant de tribulations ! Il emploiera toute sa puissance pour en faire exécuter les décrets. Le Dieu du ciel le bénira et mettra toutes choses en son pouvoir.

PROPHÉTIE DE JÉROME BOTIN

Cette prophétie a été imprimée en 1830, par M. Bricon, dans son nouveau recueil de prédictions. Elle lui avait été communiquée par deux personnes, dont une la possédait depuis 1805, et l'autre (le célèbre M. Bergasse) depuis 1790. Elle a été publiée de nouveau par M. Demonville en 1832, et par M. Dujardin, en 1840. Ce dernier auteur a vu une copie de cette prédiction signée et paraphée par MM. les abbés

Harissart et Niel et par Mgr Dubourg, le 19 février 1819, à St-Louis-des-Illinois, dans l'Amérique du Nord.

Le nécrologue de l'Abbaye porte : « Le 10 juillet 1420, mourut Jérôme Botin, de Cahors, âgé de 62 ans, homme recommandable par sa science, sa piété et sa sainteté ; qu'il repose en paix ! »

Cette prophétie est ainsi terminée :

Avant la fin du xviiie siècle, les ministres des autels pleureront et souffriront persécution pour la justice ; le pasteur sera frappé et le troupeau dispersé ; ce ne sera qu'après ce siècle (1) qu'il y aura un autre pasteur qui conduira les peuples dans l'équité et les rois dans la justice ; il sera honoré des princes et des peuples, mais avant qu'il ait établi son empire, que celui qui n'a point fléchi devant Baal fuie du milieu de Babylone, dit l'Esprit.

Que chacun ne pense qu'à sauver sa vie, parce que voici le temps où le Seigneur doit, par la grandeur de ses vengeances, montrer la grandeur des crimes dont elle est souillée ; il va faire retomber sur elle les maux dont elle a accablé les autres.

Le Seigneur a présenté par la main de cette ville impie, désolatrice des peuples, meurtrière

---

(1) Dans le dix-neuvième siècle.

de ses prêtres, de ses rois et de ses propres enfants, le calice de ses vengeances à tous les peuples de la terre ; toutes les nations ont bu du vin de sa fureur ; elles ont souffert toutes les agitations de sa captivité et de sa barbarie ; mais en un moment Babylone est tombée et elle s'est brisée dans sa chute, a dit l'Esprit.

Tout ceci arrivera pour épurer les bons et perdre les méchants, faire honorer l'Eglise de Dieu, faire craindre et servir le Seigneur.

Telles sont les paroles que l'Esprit a manifestées à son serviteur Jérôme, qu'il a écrites d'après ses ordres, et dont la vérité sera reconnue dans le temps. *Ainsi soit-il!*

PROPHÉTIE DU P. NECKTOU

Le P. Necktou, jésuite, ancien recteur au collége de Poitiers, mourut en odeur de sainteté, à l'époque de la grande Révolution. Il a fait des prophéties qui se sont toutes réalisées. Voici celles qui regardent notre époque :

Il se formera en France deux grands partis, l'un sera beaucoup plus nombreux que l'autre ; mais le parti de l'ordre triomphera. Il y aura alors un moment si affreux qu'on se croira à la fin du monde…, mais les méchants ne prévaudront pas. Ils auront bien l'intention de ruiner l'Eglise, mais ils n'en auront pas le temps, car cette crise épouvantable sera de courte durée, et ce sera au moment où l'on croira tout perdu que tout sera sauvé. Quand cette crise arrivera, il n'y aura rien à faire, sinon de persévérer dans la prière. Pendant ce bouleversement qui sera général, et non pour la France seulement, Paris sera détruit. *Paris sera entièrement détruit*, tellement que lorsque, vingt ans après, les pères se promèneront avec leurs enfants, dans ces ruines, ceux-ci leur demanderont ce que c'est que cet endroit, et ils répondront: Mon fils, il y avait là une grande ville que Dieu a détruite à cause de ses crimes. Cette destruction n'aura pas lieu sans des signes qui mettront les bons à même de s'enfuir. A la suite de cet événement affreux, tout rentrera dans l'ordre; justice sera faite à tout le monde et la contre-révolution sera accomplie, et alors le triomphe de l'Eglise sera tel qu'il n'y en aura jamais eu de semblable, parce que ce sera le dernier triomphe de l'Eglise sur la terre. L'Angleterre reviendra au bercail de la sainte Eglise catholique, car elle éprouvera à son tour une révolution plus affreuse que la première Révolution française, et cette révolution durera assez longtemps pour donner à la France le temps de se rasseoir et ce sera la France qui l'aidera à rentrer dans la paix et à revenir au bercail de l'Eglise, et c'est la France qui contribuera puissamment à ce retour tant désiré. Lorsque ces événements seront près d'arriver, tout sera tellement troublé sur la terre, qu'il semblera que Dieu ne s'occupe plus des hommes.

PROPHÉTIES DE L'ORIENT

DATANT DU XIV° SIÈCLE.

Toutes les traditions orientales et la série d'oracles contenus dans un livre très-curieux, intitulé *l'Énigme*, nous annoncent *la destruction de l'Empire ottoman par les chrétiens*, c'est-à-dire les *Français*, et les Français doivent être conduits *par un grand roi qui soumettra tout l'Orient à la religion du Christ*.

1° Damas doit revoir des massacres qui porteront l'épouvante jusqu'à Beyrouth. Les chrétiens se réuniront sur le mont Liban. Un grand roi de la Fleur-de-Lys sera leur défenseur ; il viendra à leur secours avec de grandes armées ; il se livrera un grand combat entre Alep et Jérusalem, où le roi d'Egypte et quatre-vingt-quatre mille musulmans seront anéantis. Le sultan se retirera à Damas, où il périra dans la mosquée ; la Mecque sera détruite et l'Islamisme anéanti.

2° Un jour, la Mecque, Médine, et autres villes de l'Arabie-Heureuse, seront détruites et les cendres de Mahomet seront dispersées aux quatre vents du ciel. Ce sera un grand roi chrétien, né dans un pays de l'Europe, qui réalisera ces merveilles et prendra possession de l'Orient.

3° Les chrétiens traverseront la mer dans un

élan spontané, avec tant de rapidité et tant de troupes, que l'on croira que toute la terre chrétienne vole en Orient. La foi du Christ triomphera, les Turcs l'embrasseront et la croyance de Mahomet cessera. (1)

---

(1) La prédiction sur le retour de l'Orient à la vraie foi, dit l'abbé Chabauty, a commencé de s'accomplir par les conversions miraculeuses de nombreux Musulmans. Le *Tablet*, journal catholique anglais, nous apprend, dans ses numéros des 16 et 23 septembre 1871, que plus de *cinq mille* Musulmans de Damas, convertis par une apparition de Notre-Seigneur, se sont déclarés chrétiens, et ont demandé le baptême au P. Emmanuel Forner, supérieur des RR. PP. de la Terre-Sainte. La persécution, qui déjà éprouve les néophytes, n'a point ébranlé leur foi ni ralenti le mouvement de conversion. Un protestant anglais, savant très-connu en Angleterre, écrit au *Tablet*, à la date du 13 novembre 1871, et confirme ces faits d'une manière éclatante : « Le nombre de ceux qui abandonnent l'islamisme, dit-il, est en quelque sorte incalculable, et je crois que le chiffre de vingt à vingt-cinq mille pour toute la Syrie est celui d'une évaluation modérée. »

ANTIQUES TRADITIONS ET PROPHÉTIES ALLEMANDES

Toutes ces prophéties, dit l'auteur du *Grand Pape* et du *Grand Roi*, celles qui regardent les temps actuels, concordent merveilleusement sur les points principaux ci-dessous :

Perturbation générale dans toute l'Europe, dévastations, meurtres et incendies.

Une guerre générale en Europe précédée de convulsions politiques et de guerres particulières.

L'Orient et le Nord hérétiques luttant contre l'Occident et le Midi catholiques.

La victoire définitive des nations catholiques sous la conduite d'un *Grand Roi* qui s'élève tout à coup et qui triomphe dans une grande bataille livrée en automne au carrefour du Bouleau, entre Wœrl et Cologne, en Westphalie.

Durant la perturbation générale qui précède cette grande victoire, dévastations, massacres, meurtres des prêtres partout, et même en France, alors divisée en trois partis politiques.

Après la grande guerre, où ce *Grand Roi* sera couronné empereur d'Occident, prospérité générale et unité religieuse.

Voici le passage le plus intéressant de ces fameuses prophéties :

Une guerre terrible, horrible, affreuse, une lutte formidable éclatera dans le Sud et s'étendra au Nord et à l'Occident. Une multitude prodigieuse de troupes s'avancera de l'Est vers l'Ouest ; le Midi et l'Occident se lèveront contre elles. Elles se disputeront l'empire du monde. D'une part, il y aura la Russie, la Suède et tout le Nord ; de l'autre, la France, l'Espagne, l'Italie, tout le Sud, une moitié du monde contre l'autre. On n'aura jamais rien vu de pareil. D'abord des hordes de Russes inonderont l'Allemagne et s'avanceront jusqu'au Rhin. Elles prendront plaisir à égorger et à incendier. Les troupes du Sud marcheront sous la direction d'un chef étranger, d'un puissant sauveur qui viendra du Midi, tout à coup, à la fin, lorsque le péril sera le plus grand. Dans les premiers engagements, elles vaincront les ennemis sur les bords du Rhin et les repousseront. *Le prince est couvert d'un habit blanc ; il est porté par un cheval gris, sur lequel il monte par le côté gauche, attendu qu'il est boîteux d'un pied.* Les ennemis vaincus se replieront sur le carrefour du Bouleau, près de Budberg. C'est là, au milieu de la basse Allemagne, en Westphalie, que les armées tout entières se rencontreront, qu'aura lieu l'engagement définitif et que le conflit sera décidé. Le prince regarde avec une lunette d'approche vers le carrefour du Bouleau et observe l'ennemi. A son ordre, ses troupes se mettent en marche du côté d'Holtum. Il mène à la bataille ses soldats vêtus de blanc. La lutte est acharnée. Elle dure trois jours. Les soldats marchent dans le sang jusqu'aux chevilles. La bataille a lieu entre Hunna, Ham et Wœrl, et le principal engagement près d'un ruisseau qui coule de l'ouest à l'est. Dieu épouvante l'ennemi par une tempête formidable. Le prince remporte la victoire. Sa main puissante écrase les barbares et les met en fuite. Ils se sauvent au bord de la rivière et y combattent une dernière fois avec désespoir. Mais ils sont complétement écrasés. A peine quelques-uns d'entre eux s'échapperont-ils pour aller conter cette défaite inouïe. Peu de Russes retourneront chez eux pour annoncer la destruction de leur armée. Ces événements se passeront en automne.

Les armées d'invasion ont amené la mort noire dans le pays. Ce que la guerre épargne, la peste le dévore. A cette époque plusieurs pays seront tellement dépeuplés qu'il faudra monter sur un arbre pour apercevoir au loin quelque habitant.

(Holtum et Budberg sont des villages près de Wœrl. Le fameux Bouleau se trouve aux environs de Wœrl vers Holtum.)

Ces prophéties annoncent aussi :

Qu'un prince puissant du Midi deviendra l'empereur d'Allemagne.

Qu'une seule religion alors unira tous les hommes.

Elles entrent, comme on l'a vu, dans les moindres détails sur le Grand Roi. Il n'y a donc pas à s'y méprendre.

Ce grand prince victorieux n'est nullement le roi Guillaume de Prusse, mais bien Henri de France, c'est évident. Les prophéties si connues du F. Hermann, sur les destinées de la Prusse annoncent, au contraire, les plus grands malheurs pour le roi Guillaume, *qui sera*, disent ces prophéties, *le dernier de sa race*, et le royaume de Prusse *fondra*, disent-elles encore, comme la neige au soleil. Le frère Hermann, religieux du couvent de Lehnin, situé dans le Brandebourg, vivait vers 1270, et est mort en odeur de sainteté.

PROPHÉTIE DE LA SUCCESSION DES PAPES.

On attribue à saint Malachie une prophétie sur la succession des Papes, que beaucoup de critiques regardent comme n'étant point émanée de ce saint.

M. Cucherat, chanoine honoraire d'Autun, vient de publier à la librairie Palmé un ouvrage intitulé : *La Prophétie de la succession des Papes, depuis le douzième siècle jusqu'à la fin du monde; — son auteur, son authenticité et son explication.*

Cette étude, faite avec beaucoup de talent, de sagesse et de travail, est un commentaire précieux de la prophétie de Malachie; elle éclaire les points obscurs et écarte les interprétations fantaisistes et dangereuses. La prédiction de Malachie désigne par une qualité tous les Papes qui doivent se succéder sur le siége de saint Pierre, depuis 1700 jusqu'à la fin monde. Le titre donné à certains Papes s'accorde si bien avec leur vie, que cette prédiction jouit depuis longtemps d'une grande popularité.

Flores circumdati.
Les fleurs environnées. Clément XI. Il avait les fleurs de l'éloquence en particulier, et il était de l'académie de la reine Christine de Suède.

De bona religione.
De la bonne religion. Innocent XIII.

Miles in bello.
Soldat à la guerre. Benoît XIII.

Columna excelsa.
Une colonne élevée. Clément XII.

Animal rurale.
L'animal de la campagne. Benoît XIV.

Rosa umbria.
La rose de Toscane. Clément XIII.

Visus velox, vel ursus velox.
La vue perçante, ou l'ours léger. Clément XIV.

Peregrinus apostolicus.
Le pèlerin apostolique. Pie VI.

Aquila rapax.
L'aigle ravisseur. Pie VII.

Canis et coluber.
Le chien et le serpent. Léon XII.

Vir religiosus.
L'homme religieux. Pie VIII.

De balneis Etruriæ.
Des bains de Toscane. Grégoire XVI.

Crux de cruce.
La croix de la croix. Pie IX.

Lumen in cœlo.
La lumière dans le ciel.

Ignis ardens.
Le feu ardent.

Religio depopulata.
La religion dépeuplée.

Fides intrepida.
La foi intrépide.

Pastor angelicus.
Le pasteur angélique.

Pastor et nauta.
Pasteur et marinier.

Flos florum.
La fleur des fleurs.

De medietate lunæ.
De la moitié de la lune.

De labore solis.
Du travail du soleil.

De gloria olivæ.
De la gloire de l'olive.

In persecutione extrema Romanæ Ecclesiæ sedebit Petrus romanus, qui pascet oves in multis tribulationibus, quibus transactis, civitas septicollis diruetur, et Judex tremendus judicabit populum.

Dans la dernière persécution de la sainte Eglise romaine, il y aura un Pierre romain élevé au pontificat : celui-là paîtra ses brebis au milieu de grandes tribulations ; et ce temps fâcheux étant passé, la ville aux sept montagnes sera détruite, et le Juge redoutable jugera le monde.

PROPHÉTIE DE SŒUR ROSE-COLOMBE

La sœur Rose-Colombe Ardente est morte dans le couvent de Taggia, près Nice, le 7 juin 1847. Elle avait passé soixante-quatre ans dans le monastère de Sainte-Catherine de Taggia. Elle édifiait toutes les religieuses par ses vertus. Toutes ses prophéties se sont déjà accomplies à la lettre. Voici ce qu'elle annonce concernant les événements prochains :

1° Il y aura de grandes guerres et de grands malheurs dans toute l'Europe, et surtout en Italie, que les Russes et les Prussiens viendraient attaquer.

2° Il y aura une grande persécution religieuse qui s'étendra non-seulement à l'Italie, mais à toute l'Eglise. L'Italie sera couverte de ruines. Il y aura beaucoup de martyrs, particulièrement parmi les prêtres et les religieux, mais les méchants seront vaincus.

3° Elle appelait le règne de Victor Emmauel, en Italie, un règne à la *façon d'enfants*, lequel se terminerait par le détrônement de son roi et par sa fin tragique ;

4° Elle annonçait le retour sur le trône de France, de la fleur blanche des descendants de saint Louis, et un temps de grande prospérité pour la religion, pendant lequel beaucoup d'hérétiques, l'Angleterre en particulier, entreraient dans le sein de l'Eglise. Elle annonce aussi la conversion des Turcs.

Telle est la substance de ces prédictions, et il est impossible d'en mettre en doute un seul instant l'authenticité, parce que plusieurs des religieuses qui ont déposé, sous la foi du serment, les avoir entendues elles-mêmes, vivent encore; c'est ce qu'affirme l'extrait du procès-verbal que j'ai sous les yeux (1).

---

(1) Les précautions que nous avons prises et les documents que nous avons consultés nous autorisent à certifier que *toutes les prophéties insérées dans ce petit opuscule* revêtent un caractère d'authenticité aussi incontestable que celui des prophéties de sœur Rose-Colombe. Dans un livre aussi réduit, il n'eût été indispensable de trouver place pour tous les documents que nous avons entre les mains.

PROPHÉTIE DE L'ABBÉ SOUFFRAN

CURÉ DE MANUSSON, DIOCÈSE DE NANTES.

Ce saint prêtre avait prédit dans tous leurs détails les événements de 1814, de 1815 et de 1830. Les prédictions suivantes, sur les temps actuels, méritent donc notre confiance. Elles ont été conservées et recueillies dans la famille de Charette :

Dieu réserve à la France des châtiments plus terribles que ceux qu'elle a encore endurés, ces châtiments sont mérités par ses crimes.

Quand viendront ces châtiments, vous entendrez plusieurs cris. Les trois qui domineront seront : premièrement, vive la République ! puis, vive Napoléon ! puis, enfin le dernier : vive le Grand Monarque que Dieu nous garde !

Dans ces événements les légitimistes n'auront rien à faire, parce que ce seront les libéraux qui se dévoreront entre eux.

La venue du Grand Monarque sera prochaine, lorsque le nombre des légitimistes, restés vraiment fidèles, sera tellement petit qu'à vrai dire on les comptera.

Il y aura une restauration napoléonienne de courte durée : « Le Napoléon qui paraîtra disparaîtra bientôt pour ne plus reparaître. »

Pendant ces malheurs terribles qui doivent

fondre sur la France, Paris sera détruit, tellement que la charrue y passera.

Entre le cri « *Tout est perdu* » et celui « *Tout est sauvé,* » il y aura à peine le temps de se retourner, et ce sera lorsqu'on croira *tout perdu que tout sera sauvé*.

C'est le Grand Monarque qui nous sauvera. Ce Grand Monarque que Dieu nous garde est de la branche aînée des Bourbons. Je vois un rameau d'une branche coupée. Le Grand Monarque fera des choses si extraordinaires et si miraculeuses que les incrédules seront forcés d'y reconnaître le *Doigt de Dieu*.

Sous le règne du Grand Monarque toute justice sera rendue. Dieu se servira de lui pour exterminer toutes les sectes hérétiques, toutes les superstitions des gentils, et pour établir, de concert avec le Pontife saint, la religion catholique dans tout l'univers, excepté dans la Palestine, pays de malédiction. Après cette crise dont il est parlé, il y aura un Concile général, malgré les quelques oppositions du clergé lui-même. Ensuite il n'y aura plus qu'un troupeau et un seul pasteur, parce que toutes les sectes hérétiques, moins les Juifs, dont la masse ne se convertira qu'après la mort de la bête, entreront dans l'Eglise latine, dont le triomphe continuera jusqu'à la venue de l'Antechrist.

PROPHÉTIE DE BLOIS

Cette prophétie est due à la sœur Marianne, tourière chez les Ursulines de Blois. Elle mourut au mois d'août 1804. Quelques jours avant sa mort, elle découvrit à Mlle de Leyrette, postulante et aujourd'hui mère Providence, plusieurs événements importants sur l'avenir de son couvent et de la France. La sœur Marianne défendit à sa confidente de ne point mettre ses révélations par écrit. C'est ce qui explique certaines altérations dans les copies rédigées d'après les conversations de la sœur Providence. Un certain nombre de ces prophéties se sont accomplies à la lettre, et sœur Providence, qui a aujourd'hui 94 ans, ne doit pas mourir sans avoir vu s'accomplir les grands événements prédits.

Sœur Maxime à sœur Providence des Ursulines.

1848

. 7. Ils recommenceront donc au mois de février; vous serez sur le point de faire une cérémonie de vœux, et vous ne le ferez pas.

8. Ensuite, avant la moisson, un prêtre de Blois partira pour Paris ; il y restera trois jours, et reviendra ayant soin qu'il ne lui arrive rien. Un autre, qui ne sera pas de Blois, partira ensuite. Il n'ira pas jusque là, parce qu'il ne pourra pas entrer. Il reviendra donc le même jour.

(*Nota.* — Il est reconnu à Blois qu'en juin 1848 cette partie de la prophétie a été accomplie à la lettre.)

1872 - 1873

9. Tant qu'on fera des prières publiques rien n'arrivera ; mais il viendra un moment où l'on cessera de faire des prières publiques. On dira : Les choses vont rester comme cela. C'est alors qu'auront lieu les grands événements.

9 *bis.* Si ce trouble devait être le dernier, on se cacherait dans les blés, et les femmes feraient la moisson, car tous les hommes partiront ; ils n'iront que petit à petit, et ils reviendront.

10. Les séminaristes auraient pu partir, mais il ne leur arrivera rien, car ils seront sortis quand les malheurs arriveront, ils ne rentreront pas même au temps fixé ; pourtant ils auraient pu rentrer (elle répète cela plusieurs fois). Comme la sortie des séminaristes est dans la première quinzaine de juillet, les grands malheurs commenceront donc après cette époque.

11. La mort d'un grand personnage sera cachée pendant trois jours.

12. Les grands malheurs auront lieu avant les vendanges. il y aura des signes auxquels vous vous y reconnaîtrez. Ces signes regardent

la communauté. Un d'eux est l'élection d'une supérieure qui, devant avoir lieu, ne se fera pas.

13. Alors on descendra un matin sur le champ de foire, et on verra les marchands se dépêcher d'emballer. « Et pourquoi, leur dira-t-on, emballez-vous si vite ? — Nous voulons, répondront-ils, aller voir ce qui se passe chez nous. »

(*Nota.* — Cette foire se tenant à Blois entre la sortie et la rentrée des séminaristes, puisque les grands malheurs doivent avoir lieu avant les vendanges, ne peut être que la foire du 25 août; le trouble aura donc commencé ce jour-là).

14. Que ces troubles sont effrayants !

15. Pourtant ils ne s'étendront pas dans toute la France, mais seulement dans quelques grandes villes, et surtout dans la capitale, où il y aura un combat terrible, et le massacre sera grand.

16. Blois n'aura rien en fait de massacres. Les prêtres, les religieux auront grand'peur. L'évêque s'absentera dans un château ; quelques prêtres se cacheront ; les églises seront fermées, mais si peu de temps qu'à peine si l'on s'en apercevra : ce sera au plus l'espace de vingt-quatre heures.

17. Vous serez vous-mêmes sur le point de partir, mais la première qui mettra le pied sur le seuil de la porte vous dira : Rentrons, et vous rentrerez.

18. Avant ce temps, on viendra dans les églises, et l'on fera dire des messes pour les hommes qui seront au combat

19. Quant aux prêtres et aux religieuses de Blois, ils en seront quittes pour la peur.

20. Mais il faut bien prier, car les méchants voudront tout détruire; mais ils n'en auront pas le temps.

21. Ils périront tous dans le combat.

22. Il en périra aussi beaucoup de bons, car on fera partir tous les hommes, il ne restera que les vieillards.

23. Les derniers cependant n'iront pas loin; leur absence ne sera tout au plus que de trois jours de marche.

24. Ce temps sera court; ce sera pourtant les femmes qui prépareront les vendanges, et les hommes viendront les faire parce que tout sera fini.

25. Pendant ce temps on ne saura les nouvelles au vrai que par quelques lettres particulières.

26. A la fin, trois courriers viendront. Le premier annoncera que tout est perdu. Le second, qui arrivera pendant la nuit, ne rencontrera dans son chemin qu'un seul homme appuyé sur sa porte. « Vous avez grand chaud, mon ami, lui dira celui-là; descendez prendre un verre de vin. — Je suis trop pressé, » répondra le courrier. Il lui annoncera qu'un autre doit bientôt venir annoncer une bonne nouvelle, puis il continuera sa route vers le Berry.

27. Vous serez en oraison (vers six heures du matin) quand vous entendrez dire que deux courriers sont passés; alors il en arrivera un

troisième, feu et eau, qui devra être à Tours à sept heures et qui apportera la bonne nouvelle.

(*Nota.* — Ce courrier feu et eau n'est autre que le chemin de fer.)

28. Puis on chantera un *Te Deum*, oh ! mais un *Te Deum* comme on n'en a jamais chanté.

29. Mais ce ne sera pas celui qu'on croit qui régnera d'abord, ce sera le sauveur accordé à la France, et sur lequel elle ne comptait pas.

30. Le prince ne sera pas là, on ira le chercher.

31. Cependant le calme renaîtra, et, depuis le moment où le prince remontera sur le trône, la France jouira d'une paix parfaite, et sera plus florissante que jamais pendant vingt ans.

PROPHÉTIE DE MARIE LATASTE

Marie Lataste, sœur converse au Sacré-Cœur, a écrit, par ordre de son directeur, ce que le Seigneur lui révélait. Née à Nimbaste, département des Landes, en 1822, elle est morte en odeur de sainteté, à Rennes, en 1847. Mgr l'archevêque d'Aire a scrupuleusement examiné son manuscrit et en a permis l'impression. Plusieurs prédictions faites par elle, et en particulier celle de la définition de l'Immaculée-Conception, se sont accomplies à la lettre.

Voici ce que m'a dit, après la Sainte Communion, le Sauveur Jésus : Ma fille, aujourd'hui je veux vous parler de votre patrie.

Le premier roi, le premier souverain de la France, c'est moi. Je suis le maître de tous les peuples, de toutes les nations, de tous les royaumes, de tous les empires, de toutes les dominations ; je suis particulièrement le maître de la France. Je lui donne prospérité, grandeur et puissance au-dessus de toutes les autres nations quand elle est fidèle à écouter ma voix. J'élève ses princes au-dessus de tous les autres princes du monde quand ils sont fidèles à écouter ma voix. Je bénis ses populations plus que toutes les autres populations de la terre quand elles sont fidèles à écouter ma voix. J'ai choisi la France pour la donner à mon Eglise comme sa fille de prédilection. A peine avait-elle plié sa tête sous mon joug, qui est suave et léger ; à peine avait-elle senti le sang de mon cœur tomber sur son cœur pour la régénérer, pour la dépouiller de sa barbarie et lui communiquer ma douceur et ma charité, qu'elle devint l'espoir de mes Pontifes, et bientôt après leur défense et leur soutien. Ils lui donnèrent le nom bien mérité de *Fille aînée de l'Eglise*. Or, vous le savez, tout ce qu'on fait à mon Eglise, je le regarde comme fait à moi-même. Si on l'honore, je suis honoré en elle ; si on la défend, je suis défendu en elle ; si on la persécute, je suis persécuté en elle ; si on la trahit, je suis trahi en elle ; si on répand

— 39 —

son sang, c'est mon sang qui coule de ses veines (1). Eh bien ! ma fille, je le dis à l'hon-

---

(1) Dans ces derniers temps Dieu nous a fait sentir d'une manière saisissante et terrible qu'il regardait comme fait à lui-même ce qu'on faisait à son Eglise. Le *Figaro* publiait naguère la lettre suivante, qu'il avait reçue du brave général du Temple :

« Versailles, 24 mars 1872.

« Monsieur le rédacteur,

« Ne pouvant me faire entendre de l'Assemblée, et par conséquent du pays, seriez-vous assez bon pour me permettre d'user de la grande publicité de votre journal pour faire connaître le plus possible certaines particularités relatives aux événements qui se sont passées récemment ?

« Je ne m'adresse pas à un journal religieux ; on ne le lirait pas, on ne le croirait pas ; pas plus qu'un prêtre ne serait cru s'il publiait ce qui suit :

« Le jour, pas la veille, pas le lendemain, le jour où les Français sortaient de Rome, nous éprouvions notre première défaite : Wissembourg, et nous perdions dans cette bataille le même nombre d'hommes que celui des hommes sortant de la ville éternelle.

« Le jour où le dernier soldat quittait l'Italie, à Civita-Vecchia, nous perdions notre dernière réelle bataille, Reichshoffen.

« Le 4 septembre 1870, jour où croula la dynastie napoléonienne, était le dixième anniversaire du 4 septembre 1860, jour où Napoléon III, craignant plus les bombes d'un nouvel Orsini que Dieu, complotait dans une rencontre avec Cavour l'unité italienne et la chute de la papauté.

« Le jour où les Italiens paraissaient devant Rome, les Prussiens paraissaient devant Paris, et l'investis-

neur, à la gloire de votre patrie : pendant des siècles la France a défendu, protégé mon Eglise; elle a été mon instrument plein de vie, le rempart indestructible et visible que je lui donnais pour la protéger contre ses ennemis. Du haut du ciel, j'avais mon œil sur la France et je la protégeais ; je la bénissais, elle, ses rois et leurs sujets. Que de grands hommes elle a produits;

---

sement complet des deux villes avait lieu le même jour.

« Par contre, le jour où le *Journal officiel* apprenait à la France que l'Assemblée nationale demandait des prières publiques, une dépêche télégraphique annonçait à la France qu'un inconnu (Ducatel) — son nom ne fut réellement connu que le lendemain — avait paru sur les murs de Paris et avait dit : Entrez !

« Et, huit jours après, pendant que les prières officielles avait lieu à Versailles, à l'église Saint-Louis, devant l'Assemblée nationale et le chef du pouvoir exécutif, une dépêche du général de Mac-Mahon annonçait que l'insurrection était définitivement vaincue, et les derniers coups de feu se tiraient au Père-Lachaise, pendant que les dernières prières s'élevaient au Ciel. Jamais l'armée, pendant ces huit jours, ne s'était plus vaillamment comportée. Pas une faute commise, pas un échec subi dans cette guerre si difficile des rues !

« L'ambassadeur est maintenant à Rome.

« Puissions-nous ne pas avoir à nous repentir d'avoir plus cru à l'habileté humaine qu'à la puissance de Dieu !

« Veuillez agréer, Monsieur le rédacteur, l'expression de ma considération distinguée.

« F. DU TEMPLE, *Député d'Ille-et-Vilaine.* »

c'est-à-dire que de saints dans toutes les conditions, sur le trône comme dans les humbles chaumières ! Que de grands hommes elle a produits, c'est-à-dire que d'intelligences amies de l'ordre et de la vérité ! Que de grands hommes elle a produits, c'est-à-dire que d'âmes embrasées du feu brûlant de la charité ! C'est moi qui lui ai donné ces hommes qui feront sa gloire à jamais.

Ma générosité n'est point épuisée pour la France ; j'ai les mains pleines de grâces et de bienfaits que je voudrais répandre sur elle. Pourquoi a-t-il fallu, faut-il encore et faudra-t-il donc que je les arme de la verge de ma justice ?...

France ! France ! combien tu es ingénieuse pour irriter et pour calmer la justice de Dieu ! Si tes crimes font tomber sur toi les châtiments du Ciel, ta vertu de charité criera vers le Ciel : Miséricorde et pitié, Seigneur ! Il te sera donné, ô France, de voir les jugements de ma justice irritée, dans un temps qui te sera manifesté et que tu connaîtras sans crainte d'erreur ; mais tu connaîtras aussi les jugements de ma compassion et de ma miséricorde, et tu diras : Louange et remercîment, amour et reconnaissance à Dieu, à jamais, dans les siècles et dans l'éternité !

Oui, ma fille, au souffle qui sortira de ma bouche, les hommes, leurs pensées, leurs projets, leurs travaux disparaîtront comme la fumée dissipée par le vent.

Ce qui a été pris sera rejeté ; ce qui a été rejeté sera pris de nouveau. Ce qui a été aimé et estimé sera détesté et méprisé ; ce qui a été méprisé et détesté sera de nouveau estimé et aimé.

Quelquefois un vieil arbre est coupé dans une forêt, il ne reste plus que le tronc ; mais un rejeton pousse au printemps, et les années le développent et le font grandir ; il devient lui-même un arbre magnifique, l'honneur de la forêt.

Priez pour la France, ma fille, priez beaucoup, ne cessez point de prier...

Or, l'affliction viendra sur la terre, l'oppression régnera dans la cité que j'aime et où j'ai laissé mon cœur ; elle sera dans la tristesse et la désolation, environnée d'ennemis de toutes parts, comme un oiseau pris dans les filets. Cette cité paraîtra succomber pendant trois ans, et un peu de temps encore après ces trois ans. Mais ma mère descendra dans la cité ; elle prendra les mains du vieillard assis sur un trône et lui dira : « Voici l'heure, lève-toi. Regarde tes
« ennemis, je les fais disparaître les uns après
« les autres, et ils disparaissent pour toujours.
« Tu m'as rendu gloire au ciel et sur la terre,
« je veux te rendre gloire sur la terre et au ciel.
« Vois les hommes, ils sont en vénération devant
« ton nom, en vénération devant ton courage,
« en vénération devant ta puissance. Tu vivras
« et je vivrai avec toi. Vieillard, sèche tes lar-
« mes, je te bénis. »

La paix reviendra dans le monde parce que Marie soufflera sur les tempêtes et les apaisera ; son nom sera loué, béni, exalté à jamais. Les captifs reconnaîtront lui devoir leur liberté, et les exilés la patrie, et les malheureux la tranquillité et le bonheur. Il y aura entre elle et tous ses protégés un échange mutuel de prières et de grâces, et d'amour et d'affection, et de l'orient au midi, du nord au couchant, tout proclamera Marie, Marie conçue sans péché, Marie reine de la terre et des cieux. *Amen!*

(*La Vie et les Œuvres de Marie Lataste*, 2ᵉ éd., t. II et III.)

PROPHÉTIE DE LA VÉNÉRABLE ANNA-MARIA TAÏGI

Anna-Maria Taïgi est morte à Rome, en odeur de sainteté, le 9 juin 1837. La cause de sa béatification a été introduite le 8 janvier 1863. Elle eut, pendant quarante-sept ans de sa vie, continuellement devant les yeux un soleil mystérieux, dans lequel Dieu lui révélait les événements du passé et de l'avenir, avec les circonstances les plus saisissantes et les plus détaillées.

Voici, sur les temps actuels, les prophéties attribuées à Anna-Maria Taïgi, écrites en 1820. Des révélations équivalentes ont été faites par Elisabeth Canori Mora, contemporaine d'Anna-Maria Taïgi :

Sous le pontificat de Pie IX, d'épaisses ténèbres envelopperont la terre pendant trois jours :

Pestilentielles, horribles, peuplées de visions effroyables ; ces ténèbres feront mourir surtout les ennemis hypocrites ou avoués de l'Église de Jésus-Christ. Les cierges bénits seuls brûleront et préserveront des malheurs. Une apparition céleste viendra rassurer les fidèles : Saint Pierre et saint Paul se montreront sur les nuées et la foi au surnaturel rentrera dans leur cœur, et d'innombrables conversions d'hérétiques s'opéreront sur la terre.

L'Église, après avoir traversé toutes ces douloureuses épreuves, remportera un triomphe si éclatant que les hommes seront stupéfaits, des nations entières retourneront à l'unité de l'Église romaine et la terre changera de face.

LETTRE DE MÉLANIE DE LA SALETTE [1]

« L'auguste Pie IX est le seul qui sache les deux secrets de Notre-Dame de la Salette. On a des données suffisantes pour savoir que le secret confié à Maximin renferme des pro-

---

[1] Elle est maintenant âgée d'environ trente-six ans, et vit retirée dans une communauté religieuse, à Castellamare, ville et port de Sicile.
L'apparition de la très-sainte Vierge sur les montagnes de la Salette eut lieu le 19 septembre 1846.

messes consolantes, tandis que celui de Mélanie est plein de menaces.

Dans un pèlerinage que nous avons fait à la Salette en 1858, nous avons causé longtemps avec un prêtre, confesseur alors de Mélanie, et qui était dans la chambre où la jeune bergère écrivit son secret quand on voulut le porter au Saint-Père. Or, ce digne ecclésiastique nous a dit que Mélanie, très-embarrassée, lui demanda comment on écrivait le nom *souillé*. Le prêtre lui répondit : « Cela dépend de la signification que vous voulez donner à ce mot ; ainsi, *soulier*, pour désigner une chaussure, s'écrit d'une manière ; *souillé*, adjectif, s'écrit autrement. » Alors Mélanie ajouta qu'elle voulait mettre *ville souillée* ; et, en disant ces mots, elle poussa de profonds soupirs en répétant : *C'est effrayant!...*

« On comprend que Pie IX, toujours si calme au milieu des plus violentes tempêtes, sait bien des choses que nous ignorons. Pourquoi ne croirions-nous pas que cet auguste pontife, en recevant communication des secrets de la Salette, a puisé dans ces révélations des lumières extraordinaires qui lui font attendre l'avenir avec confiance ? »

(Le R. P. Huguet.)

— *Les grands malheurs arriveront*, a répété souvent Mélanie, parce que les hommes ne se convertissent, leur conversion pouvant seule les en préserver.

— Ce n'est pas sans raison que la Sainte Vierge m'a donné les secrets les plus fâcheux au sujet de la politique... Vous désirez savoir quelque chose de cela; mais je n'ai pas le courage d'en écrire une seule ligne. D'ailleurs, tout est effrayant. Je n'ai jamais pu penser à tout ce qui va fondre sur les peuples, surtout sur la France. (Lettre de Mélanie, du 17 mars 1854, à un missionnaire de la Salette.)

— Notre pauvre France est bien humiliée, dites-vous. Ah ! ma chère Sœur, elle aurait bien mieux fait de s'humilier sans attendre les coups de la juste colère du Très-Haut; et elle ferait bien maintenant de se frapper la poitrine, de réveiller sa foi, etc. si elle ne veut pas être entièrement anéantie ! — Ah ! il y a de quoi pleurer jour et nuit en voyant dans quel état est plongée la société. — On est irrité contre Dieu même, on veut faire la guerre à Dieu. — Ah ! si on ne se dépêche pas de revenir sincèrement à Dieu, ce qui est arrivé n'est rien, *rien, rien.*

— Dieu va frapper d'une manière sans exemple. Malheur aux habitants de la terre ! Dieu va épuiser sa colère, et personne ne pourra se soustraire à tant de maux réunis. La société est à la veille des fléaux les plus terribles et des plus grands événements. On doit s'attendre à être gouverné par la verge de fer et à boire le calice de la colère de Dieu. (Lettre à M. l'abbé Félicien. Bliard, 30 janvier 1870.)

— Paris est coupable, bien coupable, parce qu'il a élevé une statue à Voltaire et récompensé un méchant homme (Renan), qui a écrit contre la divinité de Jésus-Christ... Paris, foyer de vanité et d'orgueil, qui la trouvera cette ville coupable, si des prières ferventes ne montent vers le cœur du divin Maître? (Lettre de Mélanie à sa mère, le 11 septembre 1870.)

PROPHÉTIE DU CURÉ D'ARS

Le saint curé d'Ars, consulté par un bon paysan de Rodez au sujet de sa vocation, engagea ce dernier à entrer dans la congrégation des Lazaristes, et lui prédisit en même temps tous les événements qui devaient bientôt arriver en France. Ce paysan est aujourd'hui frère convers chez les Lazaristes. Tous les événements prédits jusqu'ici par le saint curé ont eu leur entier accomplissement. Les déclarations du frère ont été consignées, par-devant notaire, dans un acte scellé, qui ne doit être ouvert qu'après l'accomplissement entier des prophéties. Elles pourront ainsi servir un jour à la béatification du vénérable défunt.

Voici les prédictions qui concernent les événements actuels :

Après leur victoire, les Prussiens ne quitteront pas tout-à-fait les pays occupés.

Les communistes de Paris, après leurs défaites, se répandront dans toute la France et se multiplieront beaucoup ; ils s'empareront des armes, ils opprimeront les gens d'ordre ; enfin la guerre civile éclatera partout.

Le Prussiens reviendront, et ils détruiront tout sur leur passage ; ils arriveront près de Poitiers sans trouver de résistance, mais là ils seront écrasés par les défenseurs de l'Ouest qui les poursuivront ; d'autre part, on leur coupera les vivres et on leur fera éprouver de grandes pertes.

Ils se retireront vers leur pays, mais il n'y en aura guère qui rentreront ; on leur reprendra tout ce qu'ils auront enlevé, et même beaucoup plus.

Des méchants se rendront maîtres dans le Nord, l'Est et le Sud-Ouest ; ils feront beaucoup de prisonniers, commettront beaucoup de meurtres ; ils voudront même faire périr tous les prêtres et tous les religieux.

Ce ne sera pas long. On croira que tout est perdu, et le bon Dieu sauvera tout.

Ce sera comme un signe du jugement dernier.

Paris sera changé et aussi deux ou trois autres villes.

Dieu viendra en aide, les bons triompheront, lorsqu'on annoncera le retour du Grand Roi. Celui-ci rétablira une paix et une prospérité sans égales. La religion fleurira plus que jamais. Votre maison-mère, malgré les nouveaux bâtiments, ne pourra contenir les novices.

PALMA, LA STIGMATISÉE D'ORIA

Aux environs de l'année 1863, il parut dans l'*Osservatore romano* une courte notice sur une sainte femme du royaume de Naples, laquelle est favorisée de choses surnaturelles, telles que les stigmates et l'extase. C'est une veuve, du nom de Palma, de vie exemplaire, et habitant la petite ville d'Oria, dans la Pouille.

Entre autres choses extraordinaires, le journal romain citait une prophétie que le directeur spirituel de Palma venait, selon le désir de sa pénitente, de faire parvenir au Saint-Père. La stigmatisée napolitaine annonçait des guerres sanglantes, et spécialement des guerres civiles ; l'avénement d'une triple république : république en France, république en Espagne et république en Italie. Elle prédisait des jours d'oppression pour l'Eglise, mais elle déclarait que Pie IX verrait, avant de mourir, le commencement du triomphe.

Les événements d'Espagne, les désastres de la France, la Commune de Paris, l'installation plus ou moins déguisée de la République française, les points noirs qui s'élevaient menaçants sur tous les horizons de l'Europe, me mirent en mémoire la prophétie de Palma, et comme la brèche du 20 septembre m'avait fait des loisirs et me conseillait même une absence momentanée, je conçus de faire une excursion dans la Pouille.

Je ne m'arrêterai pas à vous décrire l'intérieur de la maison de Palma, les traits caractéristiques de cette sainte femme, âgée aujourd'hui de quarante-six ans, le phénomène de ses stigmates et de ses extases. Le surnaturel est là, il suinte de tous côtés, et l'on y respire la bonne odeur de Jésus-Christ.

Je vous dirai ce que j'ai pu apprendre par

le directeur spirituel de cette âme d'élite, homme simple et craignant Dieu, et vivant depuis quatorze ans dans l'intimité du monde surnaturel, où sa pénitente ne cesse de le transporter.

Ce qui la distingue de la plupart des stigmatisées et des extatiques, c'est le don de prophétie et celui de bilocation. Notre-Seigneur se plaît à dévoiler l'avenir à cette âme pure qu'il honore de ses divines préférences, et lui fait connaître où nous conduisent les événements présents, et comment sa Providence saura en diriger le cours pour amener le triomphe de l'Eglise. Palma communique le tout à son directeur, afin que celui-ci le fasse tenir au Saint-Père. « Pie IX sait tout — me disait ce respectable prêtre, — faites bien attention à toutes ses paroles, pesez-les bien toutes. »

Ce que j'ai pu savoir de ces révélations prophétiques, c'est qu'elles annoncent pour l'Eglise un triomphe éclatant, dont Pie IX verrait le commencement, et pour la France, une série de malheurs plus grands et plus terribles que ceux par lesquels ce malheureux pays vient de passer. « Dieu est irrité, me disait-on, contre le peuple, qui laisse debout dans Paris la statue de Voltaire. »

Le don de bilocation dont jouit la stigmatisée d'Oria est quelque chose de plus surprenant encore. Pendant ses extases, ce qui paraît être son corps devient parfois d'une immobilité et d'une insensibilité cadavérique. Alors sa véritable personne franchit merveilleusement les espaces et va visiter les pays les plus éloignés.

Plusieurs fois elle a parcouru de la sorte une partie de la Chine, et, à son retour, elle fait chaque fois sur les lieux qu'elle a vus les descriptions les plus précises et les plus détaillées. Son directeur, qui tient note de tout, a fait venir de l'étranger des ouvrages spéciaux concernant l'empire chinois, et il a pu vérifier l'exactitude littérale des descriptions de Palma; il m'a cité entre autres celle qu'elle faisait de la grande muraille.

J'ai pu vérifier moi-même un autre fait qui vous touche de plus près. Des lettres écrites par le directeur de votre stigmatisée du Hainaut et du journal tenu par le respectable prêtre d'Oria, il résulte à toute évidence que Palma connaissait Louise Lateau avant qu'aucune source humaine lui eût appris le nom de cette jeune personne et les faveurs signalées dont elle jouit. Palma prétend être allée au village de Bois-d'Haine pendant l'extase de Louise ; et, en fait, elle a donné sur Louise Lateau, sur sa chambre, sur ses parents, sur leur habitation, des descriptions concordant parfaitement avec les détails contenus dans les lettres que, depuis, diverses personnes de Belgique ont écrites à Oria. Ce que je puis ajouter ici, c'est que, d'après notre stigmatisée napolitaine, sa sœur du Hainaut serait appelée à de grandes choses.

Les annales du monde mystique ne renferment peut-être pas une figure aussi complète et aussi favorisée que celle de Palma. Outre les dons que je viens de signaler, on en remarque chez elle d'autres qui ne sont pas moins étonnants. Ainsi le sang qui s'échappe de ses stigmates produit souvent les effets les plus merveilleux, et j'ai pu en constater moi-même, tels que les empreintes de cœurs enflammés, ou des linges brûlés par le sang, comme l'eût fait un charbon incandescent. Depuis plusieurs années, cette sainte femme ne prend aucune nourriture autre que le Pain Eucharistique chaque matin, et fréquemment le divin Epoux la lui donne de sa propre main.

Rome, 20 décembre 1871.

(*Semaine religieuse* de Tournai.)

Voici en substance ses prédictions depuis une dizaine d'années :

1° La république sera proclamée en France, en Espagne et en Italie, et sera suivie de la guerre civile dans ces pays. 2° L'ex-empereur Napoléon est menacé d'une mort violente, loin des Tuileries. 3° D'autres châtiments, comme la peste et la famine, accompagneront les troubles civils. 4° Des prodiges et des signes apparaîtront dans le ciel. 5° Paris sera détruit. 6° Rome en particulier souffrira beaucoup, et les méchants mettront à mort quelques dignitaires de l'Eglise. 7° Mais ils seront enfin écrasés et anéantis. 8° Après une guerre relativement assez courte, la vraie paix sera faite, et le Pape de l'Immaculée-Conception verra le commencement du triomphe de l'Eglise. « Ce que j'ai pu savoir de ces révélations prophétiques (dit une correspondance de Rome, du 20 décembre 1871, citée par l'*Univers* du 7 février 1872), c'est qu'elles annoncent pour l'Eglise un triomphe éclatant dont Pie IX verrait le commencement, et pour la France une série de malheurs plus grands et plus terribles que ceux par lesquels ce malheureux pays vient de passer. »

LETTRE DE ROME

15 mars 1872.

« Dieu résiste aux superbes et donne sa grâce aux humbles. » Que l'on interroge les maîtres du monde sur l'avenir, ils sont muets. Leur ardeur s'emploie à retenir le présent qui leur échappe. Les humbles, qui n'ambitionnent pas les biens de ce monde, ont des vues supérieures. Dieu permet que leur regard plonge par delà nos horizons, et aperçoive d'une façon plus ou moins claire les événements futurs. L'histoire ecclésiastique est remplie de semblables témoignages. Dans ces derniers temps, on a su beaucoup de choses par les humbles. C'est un pauvre, qui, interrogé sur la fin de Napoléon III et de Victor-Emmanuel, a dit que le premier mourrait beaucoup plus humilié que l'oncle, et que le second mourrait de mort violente (*colle molle*, avec ses souliers).

L'Univers a rapporté, il y a quelques jours, des détails intéressants sur certaines révélations d'une humble femme qui habite le pays napolitain appelé Oria. Malgré le soin qu'elle a pris de demeurer cachée, cette femme s'est vue peu à peu mise en lumière, des prélats, des prêtres, des laïques pieux se pressent autour de son lit de douleur et l'interrogent. Quand l'obéissance lui en fait un devoir, elle répond, et ses paroles révèlent toujours une vaste et sublime conception.

Palma (c'est son nom) a vu dans le ciel une grande croix d'où sortaient huit rayons tombant sur la terre. Quatre de ces rayons étaient de miséricorde, quatre de justice. Les rayons de miséricorde éclairaient l'Orient et l'Occident. Les rayons de justice frappaient la France, l'Allemagne, l'Espagne et l'Italie.

Puis elle a dit qu'au mois de juillet prochain (il y a une date), l'Espagne, la France et l'Italie entreraient dans une phase de bouleversements horribles. Les royautés d'emprunt des deux péninsules ibérique et italienne seront renversées. Sous le prétexte de relever ces monarchies, surtout celle de Victor-Emmanuel, qui a un traité avec Guillaume, et de rétablir l'ordre social que la politique de Bismarck a si profondément troublé, les armées allemandes envahiront de nouveau la France et Paris sera châtié une seconde fois et pris. Des luttes sanglantes épouvanteront le monde ; la Russie s'unira à nous, ainsi que l'Amérique, l'Angleterre, et plus tard l'Autriche. Les champs de bataille de l'Italie se couvriront de morts allemands, russes, français et italiens. Après des alternatives redoutables, les Prussiens seront vaincus, écrasés partout et peu d'entre eux retourneront dans leurs foyers, et le roi de France, acclamé par le peuple, régnera, et Pie IX rentrera à Rome pour y jouir des premiers jours du triomphe de l'Église.

(Extrait de *l'Univers*).

PRESSENTIMENTS DU GÉNIE

Voici ce que dit l'un des penseurs les plus profonds et les plus religieux des temps modernes, M. le comte Joseph de Maistre : « Plus que jamais il faut nous tenir prêts pour un *événement immense* dans l'ordre divin. Des oracles redoutables annoncent d'ailleurs que les temps sont arrivés...

Le savant P. Ventura disait, il y a déjà près de vingt ans.

« On dit que la révolution, c'est le progrès. Jamais plus grande erreur n'a été proclamée sur la terre; depuis que, grâce à Luther et à Voltaire, l'Europe est entrée dans la révolution, c'est-à-dire dans la révolte contre tout ce qui est divin, l'Europe a reculé de quinze siècles, elle est redevenue païenne : LA RÉVOLUTION, C'EST LE PAGANISME, et elle mène droit à la barbarie, et plus qu'à la barbarie; car les révolutionnaires sont des païens de la pire espèce. Les païens croyaient en Dieu et n'avaient pas abusé de la civilisation chrétienne ! *Corruptio optimi pessima*. Mais Dieu, si bon, si miséricordieux, aura pitié de l'Europe. Toutefois, pour que cet élément païen, qui s'est infiltré partout, qui s'est identifié à tout, et qui est devenu une seconde nature, soit anéanti, il faudra des remèdes violents. La gangrène qui atteint le cœur de l'Europe ne pourra être enlevée que par le fer et le feu. Attendons-nous à de rudes traitements, à de grands malheurs, à de grandes douleurs; mais dès que, par des moyens dont il a seul le secret. Dieu aura balayé cette couche fangeuse, les germes précieux du christianisme, toujours conservés, malgré tout, dans le cœur de l'Europe, pousseront plus vigoureux, plus vivaces, et grandiront rapidement en arbres majestueux de la science du bien, du vrai progrès, de la résurrection et de la vie !

« Dans cette crise, le clergé, comme toujours, sera la première victime, et, dans ce nouveau baptême de sang, l'Eglise sera purifiée, rajeunie et sauvée au moment même où l'on croira qu'elle va périr. Et comme c'est la bourgeoisie qui est la grande coupable, que c'est elle qui a scandalisé et rendu par ses doctrines le peuple voltairien, c'est elle surtout qui sera châtiée dans cette crise et purifiée, comme le fut la noblesse en 93. Que la bourgeoisie ouvre donc enfin les yeux ! »

LES CROIX MYSTÉRIEUSES

EN ALLEMAGNE

Nous avons parlé, il y a quelques jours, de ce phénomène désormais incontestable, quel que soit le jugement qu'on en porte. Nous n'avons aucun dessein de nous prononcer dès à présent sur ce point. Mais nous ne croyons pas devoir taire les renseignements qui nous viennent de divers côtés à ce sujet. Aujourd'hui, nous publions deux lettres qui nous sont communiquées par des personnes graves, peu disposées à accepter le merveilleux sans contrôle, et qui, néanmoins, ne croient pas non plus devoir n'y attacher aucune foi. Nous faisons suivre ces deux lettres d'une communication fort intéressante, due au savant docteur Imbert-Gourbeyre, de la Faculté de médecine de Clermont-Ferrand.

I

Copie d'une lettre reçue par Ake..., de Sti... (1)

Seltz, le 15 mars 1872.

Il circule depuis deux jours des bruits singuliers chez nous et des choses si extraordinaires que je ne pouvais y croire ; mais comme cela se confirme aujourd'hui par des milliers de témoins oculaires, je m'empresse de t'en informer. C'est une lueur d'espoir au milieu de cette nuit qui s'assombrit de plus en plus.

Voici le fait, et tu pourras le raconter en

---

(1) Nous nous bornons à une indication incomplète du destinataire et du lieu d'origine pour le protéger contre les susceptibilités allemandes.

toute confiance à qui tu voudras. Il est vrai et véritable :

Mardi, 12 mars, il y avait foire à Lichtenberg, un endroit assez fréquenté à cause de sa belle situation sur une charmante élévation, de laquelle on a une vue magnifique. Vers deux heures, lorsque la foire était le plus animée, on vit une tête de mort, un sabre et un cercueil... La panique prit tout le monde, on se sauva dans toutes les directions. Cet endroit est à une... (mot illisible) de Baden, à trois lieues de Seltz. Je n'y croyais pas.

Aujourd'hui, 14 mars, il y avait foire à Rastadt. Le même phénomène se renouvela, seulement plus fort encore. Ici tout le monde est consterné. Hier soir, des croix noires apparaissaient sur les vitres de la station et sur les fenêtres des wagons. Pour éviter les bruits, on y fit mettre d'autres vitres, et, à peine placées les mêmes choses reparaissaient : c'étaient des croix noires de deux doigts de largeur, des têtes de morts, des squelettes, des batailles...

Aujourd'hui, 14 mars, le phénomène parut dans la ville, aux casernes, à l'Hôtel-de-Ville et à plus de soixante-dix maisons particulières, On cassait les vitres, on fermait les volets, on employait le savonnage, mais on ne put faire disparaître ce que le doigt de Dieu avait marqué. En fermant les volets la chose, apparaissait à une autre place.

Certainement, il n'était plus question de foire, mais on s'y portait en masse pour voir. Les uns pleuraient, les autres se lamentaient, les autres juraient, insultaient ; en général on est d'accord que c'est de très-mauvais augure. On m'a nommé plus de dix communes dans le duché de

Bade, ou à proximité, où l'on voit la même chose. Il y en a qui affirment que ce phénomène se voit dans tout le duché de Bade. J'ai parlé moi-même à beaucoup de personnes qui l'ont vu. Rien qu'à voir leur figure effarée, il n'y a plus à douter. Du reste, des centaines de personnes venues de Rastadt, disent la même chose.

Seltz, le 18 mars.

Les savants d'outre-Rhin contestent le phénomène, mais d'une manière bien drôle. Je viens de lire dans le journal allemand de M. Ritter, que le fait s'est produit par une fabrication vicieuse; que le verre, nouvellement fait, avait été posé sur un grillage de fer, et que, par suite de cette imprudence, les figures paraissent seulement quelques années plus tard. C'est bien bête pour des gens d'esprit. D'autres disent : C'est un phénomène physique... je ne le connais pas. Mais ce doit être un maître dans son art pour mettre ses croix. Les croix étaient comme ça (X) à 70 maisons. Les principales aux vitres des wagons et de la gare.. Comprend-on aussi ce coquin de verrier-savantasse qui fait apparaître des têtes de mort ! Pourquoi des têtes de morts et non des lauriers ? Alors M. de Bismarck n'aurait pas défendu à la presse d'en parler.

Mme Beyer, femme du maire, vint me voir samedi et me demanda ce que j'en pensais. Je lui dis qu'il n'y avait réellement pas à en douter; que les feuilles officielles ne se hasardaient pas de le nier. Et ce qu'il y a de curieux, elle se rappelle qu'il était question de ces croix il y a une vingtaine d'années; qu'elle avait entendu dire que lorsque l'aveuglement et l'irréligion auront atteint le plus haut point, le bon Dieu répandra des croix en Allemagne. Des gens de chez nous rapportent que dans tous les villages les croix étaient visibles sur les vitres.... Ces gens ne sont pas à leur aise.

24 mars. — Mme Beyer me fait dire que le maire de Seltz, qui n'est pas des plus crédules, voulant s'assurer de la réalité, est allé à Rastadt avec d'autres Messieurs. En rentrant, il dit à sa femme: « Ma parole d'honneur! on ne peut pas dire non. »

L'instituteur de Reschwoog y est allé aussi par curiosité. Il se procura une de ces vitres marquées d'une croix et de trois têtes de morts, en la payant bien cher, et il l'enveloppa soigneusement dans du papier. Arrivé au Rhin, le pont était de notre côté (1). C'était un pont volant. En attendant le moment de passer, l'instituteur considère encore son verre. Lorsque le pont arriva, l'instituteur montra le verre aux conducteurs et le remit dans le papier. Puis il traversa le pont. Or, en débarquant sur l'autre rive, les conducteurs en parlèrent à diverses personnes, qui le prièrent de le montrer, et quel ne fut pas l'étonnement de l'instituteur et des conducteurs, en constatant que la vitre était toute claire et nette! Ces signes sont donc pour les Allemands. De l'autre côté (sur la rive allemande du Rhin), il n'est pas permis d'en parler. Les agents de police ragent comme des insensés. Les instituteurs eux-mêmes défendent à leurs enfants d'en parler.

---

(1) Du côté de la France.

II

Copie d'une lettre adressée de Strasbourg, le 25 mai, à une dame qui nous la communique :

Ma chère tante,

Nous sommes très-émus de ce qui arrive actuellement à Strasbourg. D'abord les Prussiens commencent à travailler aux forts, ils prennent les terres sans les payer la moitié de leur valeur, tout le monde est exaspéré, la force prime le droit chez ces gens-là. Un autre phénomène s'est produit ces jours-ci, c'était le 21 mai, à onze heures du matin, on aperçut tout à coup, sur les fenêtres de l'école des filles de la paroisse Saint-Jean, une figure de la Sainte-Vierge ; elle avait sous ses pieds un lion et semblait l'écraser ; des deux côtés de la Sainte-Vierge, on voyait des turcos et des soldats français, on voyait aussi un vaisseau qui paraissait submergé sous l'eau, et des petites croix noires. On a cherché M. le curé de la paroisse, qui, en voyant ces choses, a cassé tous les carreaux, et aussitôt ces mêmes choses paraissaient sur les fenêtres du second étage. Alors M. le curé a fait chercher un professeur de physique pour examiner ces choses, et ce Monsieur a dit qu'il n'y connaît rien, la chose ne lui paraît pas naturelle. Enfin on a peur, que va-t-il nous arriver ? chère tante, priez pour nous !

III

Lettre du Dr Imbert-Gourbeyre :

Monsieur le rédacteur,

Je suis tout disposé à croire aux croix d'Alsace et autres lieux. Je n'admets nullement en cette circonstance la mystification, la vitrification et l'hallucination. L'Alsace est mystifiée, mais c'est d'une autre manière : elle est véritablement malheureuse et n'est point hallucinée.

Deux raisons me portent surtout à croire *au miracle* dans l'espèce. La première, c'est que la Prusse a défendu à ses journaux d'en parler. La seconde, c'est l'histoire de cet apothicaire wurtembergeois qui va chercher de l'essence pour frotter sa vitre et y effacer *chimiquement* une croix mystérieuse. Pendant ce temps, les enfants lui crient qu'il en vient une autre sur la vitre à côté. Alors voilà mon frater, qui, furieux de son échec sur la première, et pour ne pas manquer la seconde, brise cette dernière d'un coup de poing. Cet apothicaire a cassé les vitres : donc il me force à croire au miracle, tout docteur et professeur en médecine que je suis..............

Si je me hasarde aujourd'hui à parler de croix mystérieuses, c'est que j'en ai vu bon nombre, de mes propres yeux vu. Quelques lecteurs de l'*Univers* se rappelleront peut-être que j'ai annoncé, comme devant paraître à la fin de cette année, un ouvrage sur les stigmatisées de Bois-d'Haine et d'Oria. Or, pendant les quatre jours que j'ai passés auprès de la célèbre Palma, en octobre dernier, j'ai vu à deux reprises différentes le sang tomber du front de la stigmatisée sur des mouchoirs et y faire de nombreuses croix sous mes yeux. Deux fois j'ai vu Palma aux prises avec un feu intérieur et mystérieux, et sa chemise et autres linges appliqués se cribler d'emblèmes charbonnés au milieu desquels foisonnait la croix.

On dira peut-être que j'ai été halluciné quatre fois de suite, mais j'ai rapporté les mouchoirs et autres pièces de conviction. Si vous ne voulez pas me croire, venez me voir ; je vous montrerai les pièces, et j'espère que vous ne serez pas plus halluciné que moi. Palma fabrique presque quotidiennement de ces croix mystérieuses. Elle fait encore bien d'autres choses, car c'est la femme la plus extraordinaire de notre temps. Il semble que la Providence l'ait fait surgir pour jeter le plus beau défi aux libres-penseurs de l'époque ; à mesure qu'on s'amuse à chasser *le surnaturel,* il revient au galop.

. . . .

A. IMBERT-GOURBEYRE,
Professeur à l'Ecole de médecine
de Clermont-Ferrand.

6 juin.

———

Depuis quelque temps, des croix mystérieuses ont été vues en grand nombre aux vitres des fenêtres et sur le faîte des maisons dans plusieurs localités d'outre-Rhin. Le phénomène s'est d'abord produit dans le grand-duché de Bade, puis de là s'est propagé dans le Wurtemberg et a gagné Strasbourg. Ces croix sont petites, de couleur sombre et visibles en plein jour. Tout le monde a pu les constater

Les populations de ces pays se sont naturellement émues d'un phénomène aussi étrange. L'autorité allemande a dû intervenir, pour calmer l'émoi général, à l'aide d'explications scientifiques plus ou moins plausibles et pour empêcher la divulgation du fait. En Alsace, on considère l'apparition des croix comme d'un bon augure; dans les idées du peuple, elles annonceraient la prochaine délivrance.

Dans une lettre de Bade, déjà livrée à la publicité, nous trouvons les détails suivants sur l'origine des manifestations dans le grand-duché :

Vous savez qu'une loi récente, adoptée par le Parlement allemand, enlève au clergé la surveillance des écoles. Après la promulgation de la loi, un maître d'école libre-penseur d'un bourg du pays de Bade, proche de Strasbourg, adressa à ses élèves un petit discours pour leur signifier qu'à l'avenir, dans ses instructions, il laisserait le bon Dieu de côté, et ne leur parlerait plus que de la grammaire et de l'arithmétique. Et pour commencer, le magister décrocha du mur le Christ en croix et le fit disparaître. Mais tout à coup les élèves s'écrièrent : — Maître ! maître ! la revoilà la croix ! — Où cela, s'il vous plaît ? — Là, sur la vitre. Et c'était vrai. Une croix apparaissait très-distincte sur l'un des carreaux de la fenêtre. La nouvelle se répandit. De nombreux curieux vinrent constater la merveille. Dans plusieurs autres communes le même fait se reproduisit.

Je cite encore cette anecdote : Dans une bourgade, comme un flot d'habitants de la campagne se dirigeait vers une maison dont les vitres portaient l'empreinte miraculeuse, un pharmacien, forte tête de l'endroit, se tenait sur le pas de la porte et se moquait plus ou moins spirituellement de ces pèlerins d'un nouveau genre. — Mais, dit l'un d'eux, vous qui riez, regardez donc votre devanture ! Il lève les yeux et aperçoit le signe rédempteur sur l'une de ses vitres. Aussitôt il court à son officine, en rapporte je ne sais quelle essence, et en frotte le verre en ricanant. Rien n'y fait, l'image persiste. Alors, furieux, il brise la vitre d'un coup de poing. Mais aussitôt sur le carreau voisin la croix réapparaît instantanément.

Voilà les anecdotes qui courent le pays. Mais ce n'est pas tout : quelques-unes de ces vitres, outre la croix, offrent des têtes de mort, des os en sautoir. Les habitants en concluent qu'ils sont menacés des plus effroyables malheurs. Il en arrive par bandes à Strasbourg, qui se confessent et communient. Cela, je suis en situation de vous l'affirmer d'une façon absolue. L'existence matérielle de ces vitres à images est également hors de doute. Elles sont très-nombreuses. Une dame de Metz, appartenant au meilleur monde, en possède une qu'elle a recueillie sur place. Qu'y a-t-il au fond de tout cela?

Des âmes timorées voient dans ces stigmates répétés l'annonce d'un châtiment céleste. Ce qu'il y a de certain, c'est que toutes les populations riveraines du Rhin redoutent beaucoup la reprise de la guerre, à ce point que beaucoup d'esprits frappés préfèrent abandonner le sol natal et émigrent. (Extrait de l'*Univers*.)

Lettre adressée de l'Alsace, à son neveu Frère Chartreux, de Montrieux, par une de ses tantes religieuses, qui se trouve sur les lieux.

Kintzheim, 14 juin 1872.

Les phénomènes qui se produisaient en Allemagne, sur les fenêtres et qu'on voit depuis deux mois dans la Basse-Alsace, se voient maintenant à Strasbourg, Scherrwiller, Châtenois. On voit sur les carreaux des figures, des croix, des soldats, des canons, des saints ; à Soufflenheim, nos sœurs ont, sur un de leurs carreaux, l'image du Sacré-Cœur de Jésus aussi beau qu'on puisse le voir. Les enfants déchiffrent mieux les sujets que de grandes personnes. De prime abord on ne voit sur les carreaux que des couleurs ressemblant à l'arc-en-ciel ; quand on observe un peu, on voit toutes sortes de figures.

Un enfant faisant voyage avec sa mère, de Haguenau à Strasbourg, s'écria tout d'un coup : Maman ! voyez la belle armée au firmament et le beau drapeau blanc que porte le chef; la mère ainsi que les autres voyageurs ont vu ce phénomène pendant quelque temps. Maintes autres choses de cette nature se reproduisent : je ne vous cite que des faits tous véridiques. Nous sommes entre les mains de Dieu, prions les uns pour les autres, afin que notre foi ne défaille point. On fait des prières publiques. Notre évêque, octogénaire, vient de partir pour Rome ; avant son départ, il nous a envoyé sa bénédiction ; il nous a ordonné de prier beaucoup, vu que c'est le moment de la visite du Seigneur.

Pour nouvelles, je vous citerai encore deux faits de punition directe du Ciel sur deux personnes protestantes qui ont eu l'audace d'insulter la Sainte-Vierge et le Saint-Père : Celui qui a blasphémé contre la Vierge est un ouvrier de Mulhouse ; il a été frappé de cécité au moment même ; l'autre est un aubergiste de Pfaffenhoffen (Bas-Rhin), qui a peint en caricature le Saint-Père accompagné d'un chien qui aboie. Cet individu est tombé en démence à l'instant même; il aboie depuis comme un chien et répand l'odeur du chien. Qui veut, peut le voir : voilà les effets visibles de la puissance de Dieu.

(Echo de Fourvières).

TABLE DES MATIÈRES

	Pages
Avant-propos	3
Prophétie d'Orval	7
— du B. Holzhauser	15
— de Jérôme Botin	16
— du P. Necktou	18
— de l'Orient	20
Antiques traditions et prophéties allemandes	22
Prophétie de saint Malachie	26
— de Rose-Colombe	29
— de l'abbé Souffran	31
— de Blois	33
— de Marie Lataste	37
— de la vénérable Anna-Maria Taïgi	43
Lettres et secret de Mélanie de la Salette	44
Prophétie du curé d'Ars	47
— de Palma, la stigmatisée	49
Les pressentiments du génie	57
Les croix mystérieuses en Allemagne	58

Lyon. — Imp. Schneider frères.

www.ingramcontent.com/pod-product-compliance
Lightning Source LLC
LaVergne TN
LVHW022113080426
835511LV00007B/802